Petit panda cherche un ami

Texte de Claire Bertholet
Illustrations de Pascal Vilcollet

AUZOU

Dans une forêt lointaine vit Li, un petit panda.
Sa douce fourrure blanche est parsemée de noir,
comme s'il avait trempé ses pattes dans la peinture
et s'était ensuite frotté les oreilles et les yeux.

Aujourd'hui, Li est ravi : il part en vacances
à la montagne avec ses parents.
Quel plaisir de sentir l'air frais lui picoter
la truffe ! Quel délice de croquer
les pousses de bambou enrobées de rosée !

Un jour, alors que Li et son papa explorent les environs,
ils aperçoivent un panda marron près d'une grotte.
« Il est bizarre, s'étonne Li.
– Ce n'est pas un panda mais un ours brun », rectifie Papa.
Li sourit alors à l'ourson qui regarde dans leur direction...
Mais celui-ci tourne la tête !
« Pas très sympathique », bougonne Li.

Les jours passent et Li est de plus en plus triste. Il ne cesse de penser au petit ours avec qui il aimerait tant jouer. Mais rien à faire !

À chaque fois que Li lui fait signe, l'ourson l'ignore, comme s'il était transparent. « C'est sûrement parce que je n'ai pas un beau pelage brun comme le sien », soupire-t-il.

Un matin, en préparant son petit déjeuner, Li a soudain une idée. Il attend d'être seul à la maison pour se renverser la boîte de cacao sur la tête !

« Atchoum !!! » La poudre lui chatouille les narines.

CACAO

En se regardant dans le miroir, Li est ravi de voir un vrai petit ours brun ! Il ne lui reste plus qu'à bien recouvrir le contour de ses yeux et le bout de ses oreilles.

Le petit panda court jusqu'à la grotte.
Les ours sont en train de dormir,
sauf le plus petit qui s'amuse dans un coin.
Le cœur battant, Li s'approche.
L'ourson est un peu étonné mais sourit.

« Bonjour. D'où viens-tu ? Je ne t'ai jamais vu.
– Je m'appelle Li... Euh... Je viens d'arriver et...
Je peux jouer avec toi ? »

« Bien sûr ! Moi, je m'appelle Griz.
On va se baigner dans le lac ? »

C'est très tentant mais Li
pense à son déguisement.

« Je préfèrerais jouer
à colin-maillard, suggère-t-il.
– D'accord ! »

Mais quand Li ôte le foulard de son visage,
la poudre de cacao a disparu.
« Oh, tes yeux sont tout noirs ! s'étonne Griz.
– Euh... Je me suis cogné », bafouille Li
en se grattant la tête.

« Oh, tu as une tache blanche
sur la tête ! » insiste l’ourson.

Décidément, rien n’échappe à Griz !
Heureusement, sa maman leur apporte
le goûter.

« Dépêchez-vous de manger vos glaces
au miel avant qu’elles ne fondent ! »

Miam, quel régal !
Li lèche ses pattes pour ne pas en perdre une miette.
« Oh, Li, tu as vu ? Tes pattes sont toutes noires !
lui lance Griz.
– Euh… Je me suis sali », balbutie Li, confus.

Comme ses mensonges deviennent plus gros que lui,
Li change vite de conversation :
« On joue à saute-ourson ? »

Les deux amis s'amusent toute la journée.
Ils sont tellement absorbés par leurs jeux
qu'ils n'entendent ni la maman de Li l'appeler,
ni le tonnerre gronder.

Soudain, l'orage éclate et la pluie se met à tomber.
Le temps de se réfugier dans la grotte, la poudre
de cacao dégouline sur la fourrure de Li.
Elle a même complètement disparu lorsque
les deux amis sont enfin à l'abri.

« Oh ! s'exclame Griz. Mais... Tu es un panda ! »
Honteux, Li reste muet.

« Mais pourquoi as-tu fait semblant d'être un ours ?
– Je voulais jouer avec toi. Et toi, tu m'ignorais parce que j'étais différent.
– Mais non, ne crois pas ça ! Tu ne sais pas que les ours ont une très mauvaise vue ?
En fait, je ne vois pas plus loin que le bout de mon nez ! » rigole Griz.

Li est soulagé. Mais quand il entend enfin sa maman, il réalise qu'elle doit beaucoup s'inquiéter.

« Je dois rentrer, maintenant.
Tu... Tu ne m'en veux pas ? demande Li timidement.
– Mais non ! Que tu sois un panda ne nous empêchera pas de former une sacrée paire de copains ! »

Depuis ce jour-là, Griz et Li sont
les meilleurs amis du monde...
Et pas besoin de se ressembler pour ça !

Direction générale : Gauthier Auzou
Direction éditoriale : July Zaglia
Maquette : Annaïs Tassone
Fabrication : Olivier Calvet

Loi n°49-956 du 16 juillet 1949 sur les publications destinées à la jeunesse.
Dépôt légal : 2e trimestre 2011
ISBN : 978-2-7338-1614-1

www.auzou.fr

Mes p'tits albums